Die Deutsche Bibliothek – CIP-Einheitsaufnahme

Knöpfchen geht aufs Töpfchen: Sauberkeitserziehung mit Erfolg ;
Elternratgeber & Bilderbuch / von Tina Jähnert. Ill. von Friederike
Spengler. – Augsburg : Pattloch, 1997
    ISBN 3-629-00248-X

Gedruckt auf chlorfrei gebleichtem Papier

Pattloch Verlag, Augsburg
© Weltbild Verlag GmbH, 1997
Layout und Illustration: Friederike Spengler, Gablingen
Satz: Cicero Lasersatz, Dinkelscherben
Druck und Bindung: Appl, Wemding
Printed in Germany

ISBN 3-629-00248-X

Knöpfchen geht aufs Töpfchen

Sauberkeitserziehung mit Erfolg
Elternratgeber & Bilderbuch

von Tina Jähnert
illustriert von
Friederike Spengler

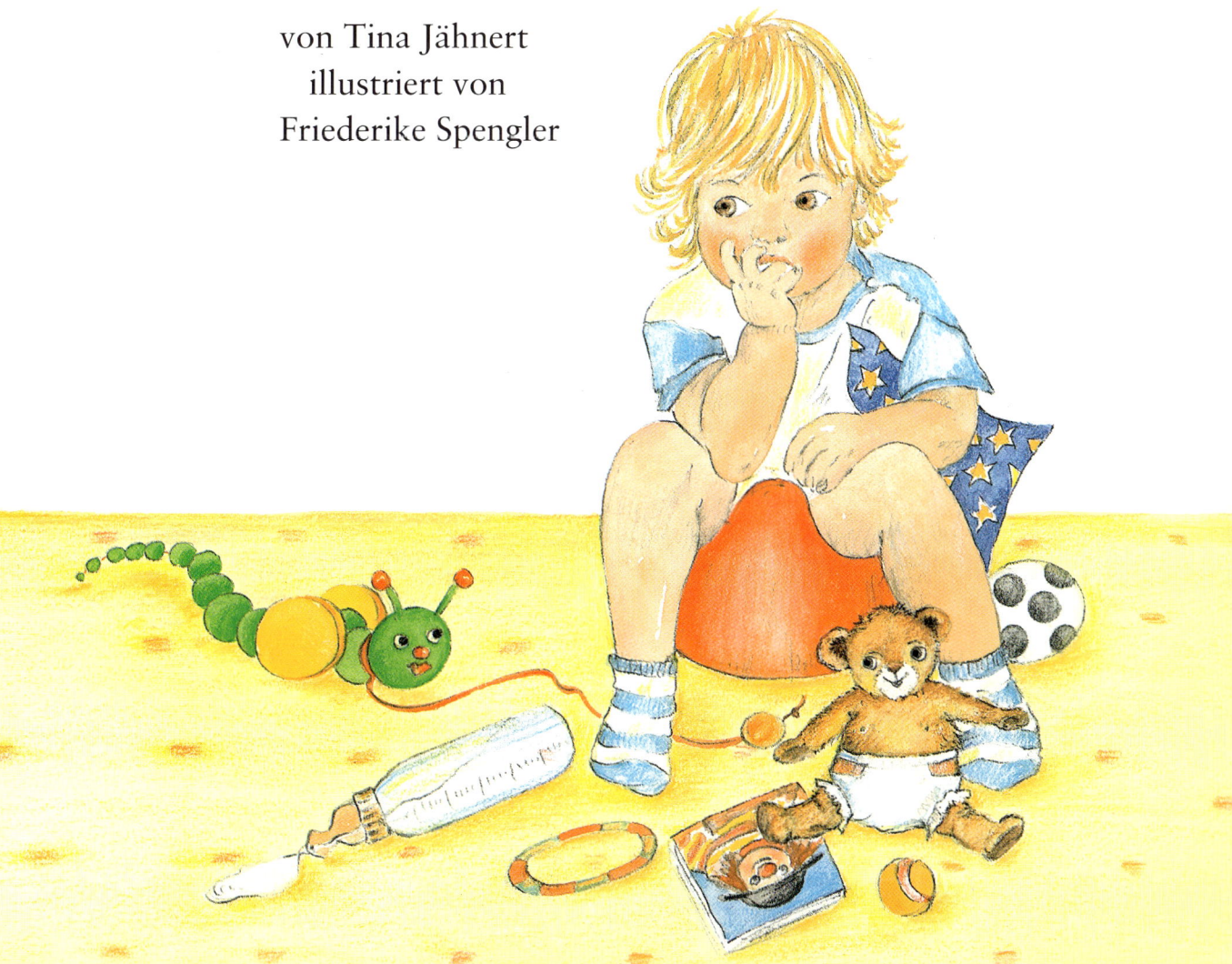

Liebe Eltern,

- Wann beginnt man mit der Sauberkeitserziehung?

- Wie geht man am besten vor? ...

- Was muß man beachten?

- Wie kann die Zeit des Sauberwerdens zu einem positiven Erlebnis für Ihr Kind werden?

Das sind wichtige Fragen, mit denen sich Mütter und Väter vielfach allein gelassen fühlen. In diesem Buch werden Sie Antworten finden und unentbehrliche Tips, damit Ihrem Kind dieser erste Schritt in Richtung Selbständigkeit nicht unnötig schwer gemacht wird.

Der erste Teil des Buches informiert SIE über alles was Sie zum Thema Sauberkeitserziehung wissen sollten.

Teil zwei enthält eine Bilderbuchgeschichte für IHR KIND. Mit »Knöpfchen geht aufs Töpfchen« können Sie ihm das Sauberwerden leicht und anschaulich erklären.

Die gesamte Kindheit ist gekennzeichnet durch das stetige Erlernen neuer Fähigkeiten. jedes Kind wird irgendwann einmal »trocken«. Wie leicht und wie schnell ist jedoch nicht nur vom Kind, sondern auch von äußeren Faktoren abhängig, die Sie mitbeeinflussen können. Je mehr Sie über das Thema Sauberwerden wissen, umso leichter wird diese Phase für Ihr Kind und Sie.

Inhalt

TEIL 1

TEIL 2

TEIL 2

Wann beginnt man mit der Sauberkeitserziehung?

Natürlich wünscht sich jede Mutter, daß ihr Kind so früh wie möglich sauber wird. Wegwerfwindeln kosten ein kleines Vermögen und vergrößern die Müllberge, Stoffwindeln müssen häufiger gewechselt werden und bedeuten schlichtweg mehr Arbeit durch zusätzliche Wäschemengen. Auch das Wickeln selbst kostet Zeit und steht nicht gerade auf der Liste der zehn beliebtesten Tätigkeiten. Für das Kind bringt der Abschied von den Windeln nur Vorteile. Hautausschläge im Windelbereich gehören dann der Vergangenheit an und endlich kommt die stark beanspruchte Babyhaut zur Ruhe. Wann beginnt man also damit? Sobald das Kind die erforderliche Entwicklungsreife hat, und das kann schon in einem Alter von 2 Jahren oder erst mit 3 Jahren der Fall sein. Die nachfolgende Checkliste soll Ihnen ein Gefühl dafür vermitteln, ob Ihr Kind schon soweit ist und es sinnvoll ist, mit dem »Projekt Töpfchen« zu starten. (Dabei ist es nicht zwingend, daß jeder einzelne Punkt erfüllt ist.)

- Ihr Kind bleibt regelmäßig für zwei bis drei Stunden trocken, d. h. die Windel muß nicht mehr so häufig gewechselt werden.
- Es ist sich seiner Ausscheidungen bewußt, d. h. es teilt Ihnen mit, daß es die Windeln gerade näßt bzw. unmittelbar danach.
- Es empfindet eine nasse Windel als unangenehm und bittet um eine trockene.
- Es ahmt Sie häufig nach, möchte »groß« sein und bemüht sich um Unabhängigkeit, z. B. möchte es selbst die Socken anziehen, die Zähne putzen, den Einkaufswagen schieben ...
- Ihr Kind versteht einfache Anweisungen und befolgt sie (Bsp. »Bitte bringe mir deine Schuhe«).
- Es versucht Ihnen mehr zu gehorchen, als Ihnen zu trotzen.
- Es verfügt über einen ausreichenden Wortschatz, d. h. es kann sich mitteilen, wenn es die Toilette aufsuchen muß, und es kann Sie verstehen, wenn Sie ihm das Sauberwerden erklären.

Dafür sollte Ihr Kind die Bedeutung folgender Wörter verstehen:

- »trocken und naß«
  Machen Sie ihr Kind beim Windelwechseln darauf aufmerksam, daß Sie ihm nun die nasse Windel ausziehen und betonen Sie, wie wunderbar trocken und gut sich die frische Windel anfühlt. Manchmal ist es hilfreich, bevor mit der Sauberkeitserziehung begonnen wird, Höschenwindeln (Wegwerfwindeln) durch Stoffwindeln zu ersetzen. Vor allem bei Kindern, die sich an nassen vollen Windeln überhaupt nicht zu stören scheinen. Eine Stoffwindel fühlt sich nasser und somit unangenehmer an.
- »Pipi«, »A-A«, »Häufchen« bzw. Wörter mit denen das Kind in Ihrer Familie seine Ausscheidungen benennen soll.
- hinsitzen und aufstehen«
- »bevor«

Sie möchten erreichen, daß sich Ihr Kind meldet bevor es die Windel näßt, deshalb ist es absolut notwendig, daß es dieses Wörtchen kennt und versteht. Erklären Sie ihm die Bedeutung im täglichen Arbeitsablauf, z. B. sagen Sie, »wir kochen jetzt Kartoffeln, doch bevor wir sie kochen, müssen wir die Kartoffeln waschen« ...

Das Töpfchen – Pro und Contra

Pro
- Es läßt sich überall plazieren, wo immer sich das Kind wohlfühlt oder Mutter bzw. Vater sich aufhalten.
- Das Kind kann seine Füße auf dem Boden aufsetzen.
- Das Kind fühlt sich sicher und kann nicht hineinfallen.
- Es kann im Auto mitgenommen werden und das Kind hat auch fern von daheim seine eigene saubere Toilette.

Contra
- Manche töpfchengewöhnte Kinder weigern sich, normale Toiletten zu benützen. Dies wird dann problematisch, wenn man kein Töpfchen greifbar hat, z. B. bei einem Einkaufsbummel.
- Das Töpfchen muß gesäubert werden.

Fazit
Zu Beginn der Sauberkeitserziehung ist ein Töpfchen sehr sinnvoll, doch sobald das Kind erste Fortschritte macht, sollte es auch mit der Erwachsenentoilette vertraut gemacht werden. Ein Kindertoilettensitz und ein beigestellter Fußschemel sind empfehlenswerte Hilfen.

Grundwissen zum Thema Sauberwerden

- Lassen Sie sich von niemanden (Mutter, Bekannten, ...) unter Druck setzen. Beginnen Sie erst mit dem »Projekt Töpfchen«, wenn Sie glauben, daß Ihr Kind die notwendige Reife hat und auch Sie für den Lehr- und Lernprozeß Zeit haben.

- Beginnen Sie nicht mit der Sauberkeitserziehung, wenn Sie sich im letzten Drittel einer Schwangerschaft befinden, da Rückfälle nach der Geburt des neuen Baby wahrscheinlich sind. Warten Sie damit bis das Geschwisterchen geboren ist, Ihr Kind sich an das neue Baby gewöhnt hat, und Ihr Haushalt wieder einigermaßen routiniert abläuft.

- Die warmen Sommermonate eignen sich am besten zum Einüben des Sauberwerdens, da »Malheure« im Sommer wesentlich weniger Wäsche machen.

- Es ist empfehlenswert sich eine »Trainingswoche« freizuhalten, in der Sie Ihrem Kind volle Aufmerksamkeit schenken können. Verzichten Sie auf Einladungen, Verabredungen, große Einkäufe, ... bleiben Sie mit Ihrem Kind daheim bzw. immer in der Nähe des Töpfchens. Falls Sie noch mehr Kinder haben, schicken Sie diese mit Ihrem Mann oder einer lieben Bezugsperson auf einen 1–2 Tagesausflug. Die Mühe lohnt sich! Ihr Kind wird wesentlich schneller sauber, wenn Sie ihm einige Tage für das Einüben voll zur Seite stehen.

- Bemühen Sie sich, ein positives und aufregendes Erlebnis daraus zu machen. Stellen Sie Erfolge ganz groß heraus (Klatschen, Luftballons, Jubel, Geschwister und Freunde, die bestaunen und loben ...) und schenken Sie »Malheuren« wenig Beachtung.

- Verzichten Sie in der ersten konzentrierten »Trainingswoche« auf sogenannte »Trainers«, d. h. gut gepolsterte Papierhöschen, die aufsaugen wie eine Windel. Hat Ihr Kind erst einmal verstanden, was Sie von ihm

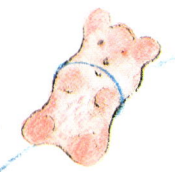

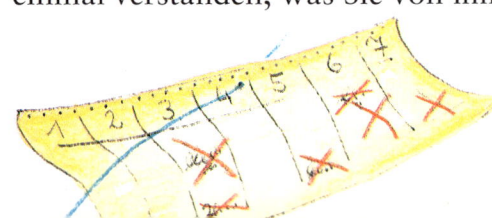

erwarten und bemüht es sich, regelmäßig aufs Töpfchen zu gehen, wird so ein Papierhöschen es nicht mehr an seinem Fortschritt hindern. Dann sind diese gepolsterten »Dinger« sehr praktisch und machen die 2. Stufe der Einübephase (mit dem Topfkind unterwegs) wesentlich entspannter.

- Manche Kinder fürchten sich vor der Wasserspülung (es ist ihnen zu laut, das Wasser bewegt sich zu wild oder es mißfällt ihnen, daß ihr »Produkt« so einfach weggespült wird). Für andere Kinder wiederum gibt es nichts aufregenderes als die Wasserspülung möglichst häufig zu betätigen. In beiden Fällen empfiehlt es sich die Aufmerksamkeit vom Spülen wegzulenken und es selbst nebenbei zu erledigen. Das Spülen wird dann zu einem späteren Zeitpunkt gelehrt.

- Die wenigsten Kinder werden Tag und Nacht gleichzeitig trocken. Die meisten benötigen während des Schlafens noch für einige Monate (manchmal auch für Jahre) eine Windel.

- Manchmal genügen Lob und Applaus, um ein Kind zum Erlernen des Sauberwerdens zu motivieren, doch oft reicht das nicht aus. In diesen Fällen trägt dann das richtige Belohnungssystem entscheidend zum Erfolg des »Töpfchens-Trainings« bei.

Mögliche Belohnungen könnten sein:

– *Naschereien* (Gummibärchen, Schokolade, kleine Salzbrezeln, Rosinen …) Sie sind besonders dann beliebt, wenn das Kind diese sonst nur selten bekommt. Gehen Sie auch jetzt sparsam damit um. Informieren Sie Ihr Kind, wie Sie es belohnen werden und bleiben Sie konsequent, z. B. geben Sie ihm 1 Gummibärchen für das kleine und 4 für das große »Geschäft«). Sobald Ihr Kind fast sauber ist und »Unfälle« immer seltener werden, ist es ratsam, die Belohnungen immer häufiger zu »vergessen«. Lenken Sie die Aufmerksamkeit Ihres Kindes auf andere Dinge, verwickeln Sie es in ein Gespräch, stellen Sie ihm Fragen, …

– *Klebebildchen*
Sternchen, Blümchen und Tiere zum Aufkleben eignen sich ebenfalls hervorragend als Belohnung.

Wie beginnt man das »Töpfchen-Training«?

Es ist wichtig, daß Sie Ihrem Kind gleich zu Beginn der Sauberkeitserziehung

a) **erklären, was es dabei lernen soll und**
b) **in ihm den Wunsch wecken, daß es selbst trocken werden möchte!**

Wie macht man das?

- Erklären und zeigen Sie Ihrem Kind, wie Sie selbst die Toilette benützen.
- Das Beobachten anderer, etwas älterer Kinder (3–5jährige eignen sich hervorragend) beim Gang zur Toilette motiviert es oft mehr zur Nachahmung als wenn es Erwachsenen zusieht.
- Lesen Sie ein Bilderbuch mit Ihrem Kind, das ihm ganz klar zeigt, um was es beim Sauberwerden geht. Nehmen Sie Abstand von Büchern, in denen mit dem Töpfchen gespielt wird oder es sonstwie zweckentfremdet wird. Sie möchten Ihr Kind nicht verwirren, sondern ihm nur den richtigen Umgang mit dem Töpfchen lehren.
- Spielen Sie mit Ihrem Kind, einer Puppe und einem Puppentöpfchen das »Töpfchenspiel«.
  In diesem Rollenspiel lehrt Ihr Kind die Puppe das Sauberwerden und nebenbei lernt es selbst ganz spielerisch um was es dabei geht.
  Dieses Rollenspiel ist sehr hilfreich und besonders für Kinder geeignet, die sich gegen die Sauberkeitserziehung wehren, auch wenn sie eigentlich die notwendige Reife hätten. Es gibt kaum eine Methode, die dem Kind das Sauberwerden anschaulicher erklären kann und es gleichzeitig stark zur Nachahmung motiviert.
- Kaufen Sie Ihrem Kind einige freche bunte Unterhosen. Achten Sie beim Einkauf darauf, daß Sie diese eher etwas zu weit nehmen. Diese anfangs noch zu großen Hosen kann Ihr Kind leichter hoch- und runterziehen und wird dadurch zur Selbständigkeit motiviert.
- Besorgen Sie ihm ein Töpfchen.

Schritt für Schritt durch die ersten »Trainingstage«

Es ist also soweit! Ihr Kind hat die nötige Reife und Sie haben Zeit. Zwei wichtige Faktoren für ein erfolgreiches Sauberwerden sind damit schon erfüllt. Wie bereits erwähnt ist es danach unbedingt erforderlich, daß Sie Ihrem Kind zu Beginn der Sauberkeitserziehung

- in kindgerechter Art und Weise vermitteln, um was es dabei geht, welchen neue Fähigkeit erlernt werden soll, und
- es gleichzeitig gelingt, in ihm den Wunsch zu wecken, daß es selbst sauber werden möchte.

Um dies zu erreichen und Ihrem Kind den besten nur möglichen Start zu geben, empfiehlt es sich in der ersten Woche, ganz besonders jedoch am 1. Trainingstag, ein richtiges Ereignis aus dem Sauberwerden zu machen. So wie wir Kindern den ersten Schultag mit der Schultüte versüßen und mit besonderen Aktivitäten und Aufführungen versuchen, Neugierde und Freude auf das

Neue zu wecken, genauso wichtig ist es, das Kind gleich zu Beginn des »Projekts Töpfchen« nachhaltig für das Sauberwerden zu begeistern. Wie Sie diese ersten Tage gestalten, ist Ihnen selbstverständlich ganz frei gestellt, nachfolgend wird Ihnen jedoch *eine* Möglichkeit vorgestellt, wie der Start in die Sauberkeitserziehung konkret aussehen könnte:

- Stellen Sie anhand der Checkliste auf Seite 9 fest, ob Ihr Kind die notwendige Reife hat.
- Geben Sie Ihrem Kind die Möglichkeit, andere Familienmitglieder oder Kinder beim Gang zur Toilette zu beobachten und zwar bevor Sie mit dem eigentlichen »Töpfchen-Training« beginnen.
- Planen Sie ein Wochenende (besser noch eine Woche) ein, in der Sie sich voll und ganz Ihrem Kind widmen können. Verzichten Sie auf Einladungen, erledigen Sie Einkäufe vorneweg, kochen Sie vor oder haben Sie Tief-

kühlgerichte vorrätig, kurzum machen Sie sich frei von sämtlichen Verpflichtungen. Denn Sie müssen ständig auf dem Sprung sein, um zu lehren, zu loben, aufzuwischen, Kleider zu wechseln, zu ermutigen, zu belohnen, ... den lieben langen Tag. Falls Sie es einrichten können, ist es am besten, wenn Sie den ersten Trainingstag ganz alleine mit Ihrem Kind zuhause verbringen und ihm wirklich Ihre volle Aufmerksamkeit schenken können. Gespräche mit anderen Personen lenken ab, die Zeit verrinnt und schon ist es passiert – das kleine oder große Malheur. Denken Sie daran, Erfolge werden Ihr Kind anspornen und »Unfälle« frustrieren Ihr Kind mehr als Sie. Wird Ihnen die Zeit daheim zu lang und das »Töpfchen-Training« zu eintönig, dann bieten sich kleinere Putzarbeiten (vorzugsweise in der Küche oder im Badezimmer) an, die jederzeit unterbrochen werden können. Doch bitte achten Sie darauf, daß Sie nur Dinge putzen bzw. erledigen, die Rang zwei auf Ihrer Prioritätenliste einnehmen und Sie die Arbeit wirklich zu jeder Zeit stehen oder liegen lassen können.

Machen Sie das »Töpfchen-Training« zu einem besonderen Ereignis für Ihr Kind.

- Nehmen Sie sich besonders viel Zeit für Ihr Kind,
  - um es zu lehren, zu ermutigen, zu trösten ...
  - um ihm themenbezogene Bilderbücher vorzulesen,
  - um mit ihm das »Töpfchenspiel« zu spielen.

- Überraschen Sie Ihr Kind mit
  - einem Puppentöpfchen,
  - Bildergeschichten zum Thema Sauberwerden (z. B. Knöpfchen geht aufs Töpfchen),
  - einem eigenen Töpfchen,
  - richtigen Stoffunterhosen.

- Verstärken Sie die Erfolge Ihres Kindes positiv
  - mit viel Lob, Beifall und Begeisterung (für jegliches Bemühen),
  - mit kleinen Naschereien,
  - mit Klebebildchen, Luftballons.

Der erste Tag der Sauberkeitserziehung

Das Töpfchenspiel mit einer Puppe

Beginnen Sie den ersten Trainingstag mit dem »Töpfchenspiel«. Dabei erklärt das Kind einer Puppe wie man ein Töpfchen benützt und trocken bleibt, natürlich unter Ihrer Anleitung. In ihrem Buch »Toilet Training in less than a day« (Pocket Books, 1974) veröffentlichten die beiden amerikanischen Psychologen N. Azrin und R. Foxx die Idee des »Töpfchenspiels« mit einer Puppe als Teil einer Methode, die zuerst nur für behinderte Kinder gedacht war, mit der später jedoch auch viele gesunde Kinder innerhalb eines Tages komplett trocken wurden. Nicht alle Eltern konnten allen Teilen der Methode zustimmen, doch das Lehren mit einer Puppe ist eine kindgerechte Art das Thema Sauberwerden den Kleinen nahezubringen. Im folgenden wird in modifizierter Form an der Idee des »Puppenspiels« festgehalten.

Für dieses Spiel benötigen Sie:

– eine Puppe,
  wenn möglich eine Puppe, die näßt. Bitte achten Sie beim Kauf darauf, daß die Puppe tatsächlich nur zwei Öffnungen hat. Modelle, die das Wasser durch den Nacken bzw. die Arm- und Beingelenke nach außen treten lassen, sind ungeeignet. Sie können das Spiel jedoch auch mit einer normalen Puppe spielen. Wägen Sie vorsichtig ab, was für Ihr Kind das Beste ist, eine neue »Pinkelpuppe« oder ein vertrautes Puppengesicht.
– eine Puppenwindel,
– zwei Puppenunterhöschen,
– ein Puppentöpfchen,
– ein Puppenfläschchen oder ein gewöhnliches Wasserfläschchen für Säuglinge.

Überraschen Sie Ihr Kind mit einem Geschenk für seine Puppe, bestehend aus einem Puppentöpfchen, einem Puppenfläschchen und Puppenunterhosen. Falls Sie sich für eine neue »Pinkelpuppe« entschieden haben, geben Sie Ihrem Kind zuerst etwas Zeit mit der Puppe bekannt zu werden, bevor Sie ihm die Utensilien schenken. Freuen Sie sich mit Ihrem Kind und erklären Sie ihm begeistert, daß die Puppe nun keine Windeln mehr braucht (achten Sie darauf, daß die Puppe zum Zeitpunkt der Geschenkübergabe Windeln trägt), sondern daß die Puppe nun groß geworden ist und ab heute »Pipi« und »A-A« ins Töpfchen macht.

Zeigen Sie Ihrem Kind, wie es die Puppe mit dem Fläschchen füttern kann. Der Puppe, die näßt wird das Wasser tatsächlich eingeflößt, bei einer gewöhnlichen Puppe, tun Sie so als ob.

Bekleiden Sie die Puppe gemeinsam mit dem Puppenunterhöschen.

Sagen Sie kurze Zeit später, daß die Puppe jetzt »Pipi« machen muß und da die Puppe nun alt genug ist, ab heute das Töpfchen benützt. Falls Sie eine »Pinkelpuppe« haben, können sie beide dabei bleiben und tun was immer erforderlich ist, um die Puppe zu entleeren (z. B. die Puppenhand drücken; beachten Sie die Gebrauchsanweisung). Spielen Sie das Spiel mit einer normalen Puppe, erklären Sie Ihrem Kind, daß die Puppe zum »Pipi« machen alleine sein möchte. Während Sie Ihr Kind kurz anderweitig beschäftigen, z. B. in ein anderes Zimmer schicken, um irgendeinen Gegenstand zu holen, gießen Sie etwas Wasser ins Puppentöpfchen (mit einer Gießkanne oder einer alten Putzmittelflasche). Aber Vorsicht, lassen Sie sich nicht dabei ertappen.

Fordern Sie anschließend Ihr Kind auf nachzusehen, ob schon etwas im Puppentöpfchen ist. Während Ihr Kind staunend den kleinen See betrachtet, freuen Sie sich überschwenglich über das »Pipi« im Puppentöpfchen. Klatschen Sie in die Hände, jubeln Sie und loben Sie die Puppe. Gehen Sie danach gemeinsam ins Badezimmer, gießen Sie den Inhalt des Puppentöpfchens in die Toilette und helfen Sie Ihrem Kind die Puppe wieder mit einem Höschen zu bekleiden. Reden Sie darüber, wie sehr es Ihnen gefallen hat, daß die Puppe »Pipi« ins Töpfchen gemacht hat und fragen Sie Ihr Kind, ob es der Puppe nochmals das Fläschchen geben möchte.

Spielen Sie das Spiel noch zweimal. Beim dritten Spieldurchgang jedoch reicht es der Puppe nicht mehr rechtzeitig aufs Töpfchen und die Puppe näßt das Höschen (Feuchten Sie das Höschen in einem unbeobachteten Augenblick an). Schimpfen Sie nicht, reden Sie verständnisvoll mit der Puppe (»das kann vorkommen«, »bald klappt es immer besser« …) und ermutigen Sie die Puppe, es später noch einmal zu probieren.

Sorgen Sie beim nächsten oder übernächsten Spieldurchgang für eine weitere Überraschung. Verblüffen Sie Ihr Kind damit, daß die Puppe beim nächsten Mal angeblich das »große Geschäft« ins Töpfchen macht. Formen Sie aus in Kakaopulver gewendeten Bananenstükken ein »Häufchen« und schmuggeln Sie es heimlich ins Puppentöpfchen. Ihr Kind wird Augen machen. Loben Sie die Puppe überschwenglich! Und belohnen Sie die Puppe dieses Mal mit etwas Gebäck (Salzstangen oder Gummibärchen), natürlich darf Ihr Kind der Puppe beim Verzehren helfen.

Spielen Sie das Töpfchenspiel noch ein weiteres Mal (diesmal wieder nur mit Wasser) und fragen Sie Ihr Kind im Anschluß daran, ob es auch groß sein möchte und ein Töpfchen benützen, wie die Puppe. Hat Ihrem Kind das Töpfchenspiel Spaß gemacht, wird es sehr wahrscheinlich begeistert zustimmen, falls Ihr Kind einen eher ruhigen, scheuen Charakter hat, darf die Zustimmung auch etwas zögerlich ausfallen. Zeigt Ihr Kind jedoch keinerlei Interesse oder steht es dem Töpfchen sogar ablehnend gegenüber, ist es ratsam die Sauberkeitserziehung auf einen späteren Zeitpunkt zu vertagen. Ihr Kind muß kooperationsbereit sein, sonst wird das Sauberwerden zu einem Kampf. Einem Kampf, den Sie übrigens nicht gewinnen können. Sie können Ihr Kind nicht zum Sauberwerden zwingen, genausowenig wie sie es zum Schlafen oder Essen zwingen können. Ist es Ihnen jedoch gelungen, das Interesse Ihres Kindes am Sauberwerden zu wecken, können Sie mit dem Töpfchen-Training fortfahren.

Das Töpfchen-Training mit Ihrem Kind

Nachdem Sie das Töpfchenspiel mit Ihrem Kind mehrmals durchgespielt haben und das Interesse am Sauberwerden geweckt ist, legen Sie die Puppe für eine Weile zur Seite. Die Zeit ist gekommen, um Ihr Kind mit einem weiteren Geschenk zu überraschen. Überreichen Sie ihm ein Töpfchen und ein paar schicke Unterhosen, am besten hübsch verpackt. Auch nicht mehr so neue und bereits von Geschwisterkindern gebrauchte Töpfchen können mit ein paar bunten Luftballons und Schleifen enorm aufgewertet werden.
Sicher möchte Ihr Kind das Töpfchen und die neuen Unterhosen sofort ausprobieren. Zeigen Sie ihm, wie sehr Sie sich darüber freuen, unterstützen Sie seine Entscheidung durch ermutigendes Zusprechen, während Sie ihm die Windel abnehmen.

Es ist nicht schwer, ein Kind dazu zu bringen, auf einem Töpfchen Platz zu nehmen, das macht allen Kindern Spaß. Der weitaus schwierigere Teil besteht darin, einem Kind klar zu machen, daß es eine Weile sitzen bleiben und sich entspannen muß, um die »Topfsitzung« erfolgreich zu beenden. Während manchen Kindern das Stillsitzen überhaupt nicht schwer fällt und man ihnen richtiggehend ansehen kann, wie sie sich auf das Wasserlassen konzentrieren, müssen die meisten Kinder das Ruhigwerden und Entspannen erst lernen. Mit dem Lesen von Bilderbüchern (während einer »Topfsitzung«) erreichen Sie zwar, daß Ihr Kind erst einmal auf dem Töpfchen sitzen bleibt, doch für das Wasserlassen bzw. die Darmentleerung ist es ratsam, ab und zu ruhig zu werden, so kann sich das Kind besser auf das bewußte Entspannen der entsprechenden Muskeln konzentrieren. Dieses Gehenlassen gelingt manchen Kindern leichter, wenn sie das Geräusch von plätscherndem Wasser hören (Wasserhahn leicht aufdrehen), wieder anderen gefällt das Aufsagen eines kleinen Reims.
Klappt es sofort mit dem »Pipi« machen, ist die Freude natürlich groß. Bleibt die erste »Sitzung« jedoch erfolglos, ermuntern Sie Ihr Kind es später nochmals zu probieren. Weisen Sie darauf hin, daß es

Wird mein Töpfchen wirklich voll,
juble ich und find es toll.
Ist im Töpfchen nichts zu sehen,
werd' ich später nochmals gehen.

Ich bin ein kleines Knöpfchen
und sitze auf mein Töpfchen.
Langsam zähle ich auf zehn

werde still,
– jetzt darfs geschehn.

viel trinken soll und haben Sie die ver-
schiedensten Getränke vorrätig (Frucht-
säfte, Limonaden, Milchshakes, Saft-
tüten ...) aber auch stark wasserhaltige
Leckerbissen, wie Melonen und Wasser-
eis. Heute geht es nicht um eine gesunde
Ernährung, sondern darum, daß Ihr

Kind sehr viel trinkt. Je mehr es trinkt,
umso häufiger wird es das Töpfchen aufsuchen müssen und mit jedem erneuten
Gang aufs Töpfchen, trainiert es das
Sauberwerden. Konkret kann dieses
»Einüben« aussehen, wie auf den folgenden Seiten beschrieben:

- Ermuntern Sie Ihr Kind zum Trinken. Neue Getränke, aber auch neue Becher, Gläser oder Strohhalme (bunt und gedreht) machen das Trinken interessanter.
- Stellen Sie einen Küchenwecker auf 12 – 15 Minuten. Überbrücken Sie die Wartezeit indem Sie mit Ihrem Kind Bilderbücher über das Sauberwerden lesen oder ab und zu das Töpfchenspiel wiederholen.
- Nachdem die Zeit abgelaufen ist, fragen Sie Ihr Kind, ob es nun »Pipi« machen möchte. Falls Sie ein Nein als Antwort erhalten, fragen Sie kurze Zeit später wieder. Manche Kinder kooperieren nur, wenn ihnen schon im Vorfeld kleine Belohnungen versprochen werden, wie Aufkleber oder ein Gummibärchen fürs »kleine« und vier Gummibärchen fürs »große Geschäft«. Übrigens reagieren Kinder von Eltern, die Süßigkeiten negativ gegenüberstehen, häufig besonders stark auf diese Art »positive Verstärkung« und bemühen sich sehr für die kleinen süßen oder salzigen Belohnungen.
- Helfen Sie Ihrem Kind, eine Weile auf dem Töpfchen sitzen zu bleiben und sich zu entspannen. Versuchen Sie die tatsächliche »Sitzzeit« langsam zu steigern. Falls es Ihrem Kind gefällt, kann auch hier der gute alte Küchenwecker zum Einsatz kommen. Selbst kleine Zappler lauschen gebannt dem Ticke-Tacke und freuen sich über das Klingeln. Doch achten Sie darauf, daß Sie Ihr Kind nicht mit zu langen »Sitzungszeiten« überfordern und es die Freude am Töpfchengehen verliert. Eine Minute Sitzen ist für manche Kinder schon eine Leistung, äußern Sie sich positiv darüber: Mit der Zeit lernt auch ein unruhiges Kind für einige Minuten stillzusitzen. Noch ein Tip: Bevor Sie versuchen, die »Sitzungszeit« mit Bilderbüchern, Küchenwecker, etc. zu gestalten, warten Sie bitte erst einmal ab, wie das erste Mal »aufs Töpfchen gehen« mit Ihrem Kind ausfällt. Vielleicht haben Sie ja Glück und Ihr Kind sitzt wider Erwarten für einige Zeit still, macht gleich erfolgreich ins Töpfchen und das Sitzenbleiben ist überhaupt kein Problem für Ihr Kind.
- Loben Sie Ihr Kind überschwenglich für jegliches Bemühen.
- Tragen Sie das Töpfchen gemeinsam zur Toilette und entleeren Sie den Inhalt. Zeigen Sie Ihrem Kind, daß es sich nach dem Gang zur Toilette immer die Hände waschen sollte.
- Belohnen Sie Ihr Kind für Erfolge (mit dem Belohnungssystem, das Ihnen am

meisten zusagt). Zeigen Sie Ihrem Kind, wie sehr Sie sich über seine Bemühungen freuen. Ihre Freude und Begeisterung sind wichtige Motivatoren für Ihr Kind, weiterzumachen und nicht aufzugeben, also gehen Sie verschwenderisch damit um.

- Bieten Sie Ihrem Kind wieder ein Getränk an. Denken Sie daran, daß das Essen von salzigem und süßem Gebäck durstig macht. Eine Suppe wäre übrigens das ideale Mittagessen für den ersten Trainingstag. Während des ersten Trainingstages sollte sich der dargestellte Ablauf (Trinken, Warten, aufs Töpfchen gehen, Töpfchen ausleeren, Hände waschen, Belohnen, Trinken) möglichst oft wiederholen. Übung macht den Meister, auch beim Sauberwerden. Deshalb geben Sie Ihrem Kind reichlich Gelegenheit zum Üben, umso schneller klappt es mit dem Trockenbleiben. Loben Sie Ihr Kind am Ende des Tages in Anwesenheit von Personen, die ihm nahestehen (Vater, Geschwister, Freunde …). Während der nächsten Tage ist es sinnvoll, mit dem Einüben fortzufahren und zwar solange bis Sie das Gefühl haben, daß Ihr Kind begriffen hat um was es geht und Malheure nur noch gelegentlich vorkommen. Dabei müssen Sie die

Wartezeit nach dem Trinken nicht mehr unbedingt kindgerecht und interessant gestalten, es reicht, wenn Sie darauf achten, daß Ihr Kind sehr viel trinkt und das Töpfchen stets verfügbar ist. Manche Kinder benötigen etwas mehr Zeit bis sie das Trockenbleiben meistern, andere wiederum sind bereits am Ende des 1. Tages nahezu sauber, d. h. sie teilen rechtzeitig mit, daß sie aufs Töpfchen müssen und Malheure sind wirklich die Ausnahme. Falls Sie so ein »Ausnahmekind« von der schnellen Sorte haben, ist es nicht erforderlich, noch weitere Zeit für das Einüben aufzuwenden. Ihr Kind hat die neue Routine des Sauberbleibens verstanden und bemüht sich aus eigenem Antrieb nicht mehr zu nässen. Sie können sich freuen, das Schwierigste ist geschafft. Noch ein Tip für alle Mütter und Väter: Bitte vergleichen Sie Ihr Kind nicht mit anderen Kindern. Wie rasch ein Kind sauber wird, ist kein Maßstab für Intelligenz oder Charakter. Üben Sie keinerlei Druck aus. Negative Bemerkungen, wie »deine Schwester war schon viel früher sauber« bewirken nichts, im Gegenteil, sie frustrieren Ihr Kind damit. Bemühen Sie sich, die Zeit des Sauberwerdens anregend und positiv zu gestalten.

Kleidung – welche ist die beste?

Die Wahl der richtigen Kleidung kann ausschlaggebend dafür sein, ob es dem Kind rechtzeitig aufs Töpfchen reicht, besonders zu Beginn der Sauberkeitserziehung. Im Sommer ist es ratsam, das Kind nur mit einem Höschen und T-Shirt zu bekleiden. Für die kühlere Jahreszeit sind Trainingshosen oder Hosen mit einem elastischen Hosenbund ideal für das häufige rauf- und runterschieben. Auf Hosen mit Gürtel, Knöpfen, komplizierten Schnallen und schwierigen Reißverschlüssen verzichten Sie am besten bis Ihr Kind eine gewisse Sicherheit hat, d. h. es meistens rechtzeitig aufs Töpfchen schafft. Auch Kleider und Röcke können den kleinen Mädchen den selbständigen Gang aufs Töpfchen erschweren. Das Kleid muß während des Hinsetzens angehoben werden und wie sehr sich das Kind auch bemüht, ohne fremde Hilfe gelingt es ihm selten sicherzustellen, daß sich nicht ein Teil des Kleides im Töpfchen befindet. Kurzum die geeignetste Kleidung während der Sauberkeitserziehung und danach sind Kleidungsstücke, die Ihr Kind mit etwas Übung selbständig runterschieben und hochziehen kann, so daß es mit der Zeit immer weniger auf die Hilfe von Erwachsenen angewiesen ist.

Und was trägt das Kind zum Mittagschlaf und nachts?

Bekleiden Sie Ihr Kind während des Mittagschlafs und nachts noch mit einer Windel. Selbst wenn Ihr Kind tagsüber ganz sauber geworden ist, kann es noch eine längere Zeit dauern, bis es auch nachts trocken bleibt. Wacht es mehrere aufeinanderfolgende Tage mit einer trockenen Windel auf, so ist der richtige Augenblick gekommen, Sie können nun auch nachts die Windel weglassen.

Mit dem Topfkind unterwegs

Nachdem Ihr Kind regelmäßig erfolgreich aufs Töpfchen geht, müssen Sie versuchen, die Abstände zwischen den »Topfsitzungen« langsam zu vergrößern. Sobald Ihr Kind für 1 bis 2 Stunden trocken bleiben kann, können Sie wieder problemlos mit ihm losziehen. Machen Sie Ihr Kind beim Spazierengehen mit dem »Blümchen gießen« vertraut und fragen Sie ab und zu nach, ob es nicht »Pipi« machen muß. Für Kinder sind auch die kleinen Ausflüge zum Bäcker oder Supermarkt so voller Eindrücke, daß sie häufig vergessen, rechtzeitig auf ihre Körpersignale (wie eine volle Blase) zu achten oder sie müssen erst lernen diese (z. B. Bauchweh) richtig zu interpretieren.

Gewöhnen Sie sich daran, daß Ihr Kind an den unmöglichsten Stellen, zu den ungünstigsten Zeiten »Pipi« machen muß – und dann meistens sehr dringend. Treffen Sie bei Ihren Einkäufen auf wenig verständnisvolles Personal, machen Sie deutlich, daß es entweder sehr rasch die Betriebstoilette ist oder der Boden im Verkaufsraum.

Damit Sie wirklich wieder für längere Zeit von zuhause entfernt sein können, ist es notwendig, das Kind mit einer normalen Toilette vertraut zu machen. Das geschieht natürlich am besten zuerst daheim, dann bei den Großeltern oder Freunden und dann erst unterwegs in gänzlich fremder Umgebung.

Sollten Sie allerdings feststellen, daß Ihrem Kind fern von zuhause noch häufig »kleine Malheure« passieren, haben Sie die Möglichkeit es während Ihres Einkaufstrips mit saugfähigen Papierunterhosen zu bekleiden, bis es gelernt hat, auch in ereignisreicher Umgebung seine Körpersignale wahrzunehmen.

Behandeln Sie Ihr Kind jedoch genauso, wie wenn es reguläre Stoffunterhosen tragen würde, d. h. erinnern Sie es immer wieder ans »Pipi« machen.

Schon nach kurzer Zeit wird Ihr Kind sicherer sein.

Probleme, die gelegentlich auftreten

Probleme mit dem Stuhlgang

Es kommt immer wieder vor, daß Kinder, die bereits regelmäßig und zuverlässig das Töpfchen zum Wasserlassen aufsuchen, sich weigern den Stuhlgang ins Töpfchen bzw. die Toilette zu machen. Es handelt sich dabei in der Regel nicht um eine Trotzreaktion, sondern viel mehr um Ängste, mit denen das Kind zu kämpfen hat und denen sie mit viel Geduld und Liebe begegnen sollten. Die Ursachen für die Ängste können verschiedener Art sein. Verstopfung und damit verbundener harter und schmerzhafter Stuhlgang könnte ein Grund dafür

sein. Achten Sie deshalb auf eine ballaststoffreiche Ernährung und verzichten Sie auf Lebensmittel, die für ihre verstopfende Wirkung bekannt sind. Leidet Ihr Kind häufig oder schon längere Zeit unter Darmträgheit, wenden Sie sich bitte an Ihren Arzt.

Andere Kinder wiederum gewöhnen sich während der »Windelphase« an, den Stuhlgang im Stehen zu machen und sie haben tatsächlich das Gefühl, daß sie im Sitzen nicht können. Sie wissen genau, wann sie »groß« müssen und bitten häufig sogar um eine Windel, in die sie dann prompt ihr »Geschäft« erledigen. Das mag frustrierend für Sie sein, doch seien Sie geduldig mit Ihrem Kind, diese Phase ist nur vorübergehend. Begleiten Sie Ihr Kind zum »Stuhlgang machen« mit einer Windel, wann immer es Sie darum bittet. Nehmen Sie ihm diese unmittelbar danach wieder ab und spülen Sie den Inhalt der Windel miteinander in die Toilette. Es ist nur eine Frage der Zeit, bis das Kind während des Wasserlassens vom Stuhlgang überrascht wird.

Totaler Rückschlag

Nach zwei bis drei positiven Erlebnissen, verliert das Kind die Angst und wird danach vollends sauber.

Etwas mehr Weisheit und Geduld ist gefragt, bei Kindern, die mit denselben, oben geschilderten Ängsten zu kämpfen haben, jedoch nicht nach einer Windel fragen, sondern den Stuhl fast ausschließlich in die Unterhose erledigen. Verkneifen Sie sich negative verletzende Bemerkungen, bleiben Sie ruhig und sachlich, auch wenn es schwer fällt. Beteiligen Sie das Kind stets am Säubern der Hose, doch bleiben Sie realistisch. Ein Kind ist nicht in der Lage, die Hose so sauber auszuwaschen wie Sie. Dennoch beschließt so manches Kind, nachdem es mehrmals an der Reinigungsaktion beteiligt wurde, daß es wesentlich angenehmer ist, gleich aufs Töpfchen zu gehen.

Nachdem das Kind bereits für eine gewisse Zeit komplett sauber war, beginnt es wieder die Hosen zu nässen. Es beginnt mit vereinzelten Malheuren, die immer häufiger und dann fast regelmäßig auftreten. Der Grund ist meistens emotional bedingt. Hat das Kind ein neues Geschwisterchen bekommen? Befindet sich die Familie im Umzug? Ist ein heißgeliebtes Haustier gestorben? Muß es die Scheidung der Eltern bewältigen? …

Die Ursachen für emotionalen Streß können vielfältiger Natur sein. Versuchen Sie, der Sache auf den Grund zu gehen und helfen Sie dem Kind. Manche Kinder fühlen sich schuldig, wenn die Familie durch schwierigere Zeiten geht (häufiger Streit, finanzielle Probleme …). Begegnen Sie dem Kind mit viel Liebe und Verständnis, es braucht Ihre Unterstützung und Anerkennung mehr denn je. Versichern Sie dem Kind, daß diese Phase nur vorübergehend ist und die »Unfälle« bald wieder seltener werden. Können Sie keine emotionale Ursache erkennen, suchen Sie den Kinderarzt auf und stellen Sie sicher, daß keine körperlichen Gründe für das Nässen vorliegen. Werden die Malheure, nachdem die Ursache des Problems erkannt ist und Hilfestellung angeboten wird, nicht wieder seltener, bleibt manchmal nur die Rückkehr zu den Windeln. Packen Sie das Töpfchen und die Unterhosen ganz weg und vergessen Sie das Thema Sauberwerden für eine Weile. Ermöglichen Sie dem Kind zu einem späteren Zeitpunkt nochmals einen ganz neuen Start. Setzen Sie nichts voraus, beginnen Sie wieder bei Null und machen Sie keine Bemerkungen, wie »das solltest du aber noch vom ersten Mal wissen«. Überdenken Sie auch die Möglichkeit, ob eventuell eine andere (dem Kind nahestehende) Person die Sauberkeitserziehung mit ihm beginnen sollte, insbesondere wenn Sie häufig Konflikte mit Ihrem (willensstarken) Kind haben.

Manche Kinder akzeptieren »Führung« und »Begleitung« eher von der Oma, einer Tante, dem Vater und anderen Personen, die nicht immer da sind.

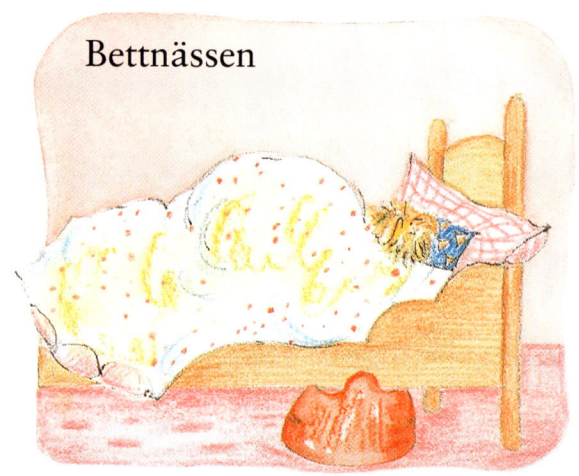

Bettnässen

Die wenigsten Kinder werden Tag und Nacht gleichzeitig trocken. Selbst wenn das Kind tagsüber komplett sauber ist, kann es oft noch Monate, manchmal sogar Jahre dauern bis das Kind auch nachts trocken bleibt. Das ist völlig normal. Wenden Sie sich an Ihren Kinderarzt, falls Sie darüber beunruhigt sind, er wird Ihnen sagen, ab wann das Bettnässen wirklich ein Problem darstellt und welche Schritte unternommen werden können. Doch vor dem 5. bis 6. Lebensjahr, ist das Bettnässen für die meisten Kinderärzte kein Thema, das besonderer Aufmerksamkeit bedürfte.

Machen Sie sich bewußt, daß kein Kind absichtlich und gerne ins Bett näßt. Viele Kinder schlafen so tief, daß sie ihre Körpersignale (wie volle Blase) einfach nicht wahrnehmen und diese Fähigkeit erst erlernen müssen. Außerdem wird angenommen, daß Bettnässen eventuell vererbt wird. Deshalb wäre es falsch, das Kind dafür zu beschimpfen oder gar zu bestrafen! Dadurch kann sich die Situation nur verschlimmern. Natürlich fällt es schwer, ruhig und verständnisvoll zu bleiben, wenn man jede Nacht von einem durchnäßten Kind geweckt wird und Betten überziehen auf dem Programm steht. In Familien mit mehreren Kindern im Still- oder Kindergartenalter kann die Nacht zum Tage werden, und die total übermüdeten Eltern fahren das Kind während der nächtlichen Umziehaktion barsch und ärgerlich an, obwohl sie vorhatten, geduldig und beherrscht zu bleiben. Vielleicht kann der eine oder andere nachfolgende Tip dabei helfen, die Situation zu erleichtern.

- Bekleiden Sie Ihr Kind nachts mit einer Windel und zwar so lange bis Ihr Kind für mehrere aufeinanderfolgende Tage mit einer sauberen Windel aufgewacht ist. Sie können nicht erwarten, daß Ihr Kind plötzlich über Nacht trocken bleibt, nur weil Sie ihm keine Windel mehr anziehen. Ist die Windel tatsächlich trocken geblieben, loben und belohnen Sie Ihr Kind. Nach einer Woche ohne nächtliches Nässen, können Sie die Nachtwindel vergessen.
- Bestücken Sie die Matratze Ihres Kindes mit zwei bis drei Schichten Leintüchern und wasserundurchlässigen Gummi- bzw. Plastikauflagen (Liegelind, Plastiktischtuch, Duschvorhang), natürlich im Wechsel. Macht Ihr Kind nachts ins Bett, müssen Sie nur die oberste Schicht abziehen, etwas ältere Kinder können das auch alleine.
- Bedecken Sie das Kind zuerst mit einem großen, dicken Frotteehandtuch, bevor Sie es mit dem Federbett oder der Decke zudecken.
- Legen Sie Ihrem Kind einen frischen Schlafanzug griffbereit ans Bett.
- Beleuchten Sie das Kinderzimmer und den Weg zum Badezimmer mit Nachtlichtern, damit das Kind nachts ohne Ihre Hilfe zur Toilette kann, oder stellen Sie ein Töpfchen neben das Bett.
- Stecken Sie Ihr Kind nicht in einen Schlafsack. Ein Kind im Halbschlaf ist kaum in der Lage diesen alleine zu öffnen und nach dem Gang zum Badezimmer wieder anzuziehen.
- Andererseits reagieren viele Kinder, die sich nachts aufdecken und kalt werden auf die Kälte mit Bettnässen. Ein warmer bequemer Trainingsanzug über dem Schlafanzug, ist manchmal schon die Lösung des Problems.
- Gehen Sie mit Ihrem Kind zur Toilette, kurz bevor Sie zu Bett gehen.
- Lassen Sie es nicht zu, daß andere Geschwister das Kind hänseln.

Etwas ältere Kinder (4 bis 6 Jahre) bestehen oft darauf, daß sie alleine zur Toilette gehen können. Es ist ratsam, dennoch mitzugehen, insbesondere wenn die Toiletten weit entfernt sind (z. B. bei manchen Gaststätten im Keller).

Ist Ihr Kind noch klein und hat es das Sauberwerden gerade erst gemeistert, ist es selbstverständlich, daß Sie es begleiten, wenn es eine öffentliche Toilette benützen muß. Mütter können kleine Buben problemlos zu den Frauentoiletten mitnehmen. Für Väter mit kleinen Töchtern ist die Situation etwas schwieriger, da Männertoiletten nicht ganz so privat sind. Falls Sie als Vater Ihre Tochter nicht mit in die Männertoilette nehmen möchten, fragen Sie eine vertauenswürdig aussehende Dame oder jemand vom Bedienungspersonal, ob sie Ihre Tochter zur Toilette begleiten können. Warten Sie am besten in Rufweite, vor der Türe.

Soviel zum Theorieteil für die »Großen«, weiter geht es mit einer Bilderbuchgeschichte für Ihr Kind. »Knöpfchen geht aufs Töpfchen« ist die ideale Lektüre, um Ihrem Kind das Sauberwerden leicht und verständlich zu erklären und ein wertvoller Begleiter, um die Wartezeiten zwischen den »Sitzungen« zu überbrücken. Bitte fühlen Sie sich frei, die in Ihrer Familie üblichen Wörter einzusetzen mit denen Ihr Kind seine Ausscheidungen benennen soll. Einfachheitshalber wurden im Bilderbuchteil vorwiegend die Ausdrücke »Pipi« und »A-A« verwendet.

Ich hoffe sehr, daß Sie von dem vorausgegangenen Buchteil profitiert haben und Ihnen der eine oder andere Ratschlag die Sauberkeitserziehung Ihres Kindes wesentlich erleichtern wird.
Ihrem Kind wünsche ich viel Freude mit Knöpfchen und natürlich viel Erfolg mit seinem bzw. ihrem »Töpfchen-Training«.

Ihre Tina Jähnert

Knöpfchen
geht aufs Töpfchen

Das ist Knöpfchen. Knöpfchen wohnt in einem großen Haus.
Es wohnt dort mit seiner Mama und seinem Papa,
beide haben Knöpfchen sehr lieb.

Knöpfchen trägt Windeln.
Das war schon immer so, seit
Knöpfchen geboren wurde.
Knöpfchen trug Windeln als es ein
Baby war, es trug Windeln als es
laufen lernte
und es trägt sie noch heute.

Wenn Knöpfchen die Windel naß oder schmutzig macht, dann ziehen
Mama oder Papa, Knöpfchen eine frische Windel an, jeden Tag
mehrere Male.

Knöpfchen kann nun schon viele Dinge alleine:
Es kann alleine essen.
Es kann alleine Zähne putzen.

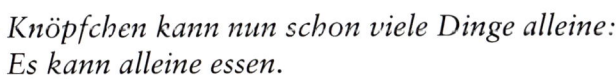

Es kann alleine Regentropfen malen ...
Das größer werden gefällt Knöpfchen.
Es möchte alles können, so wie Mama und Papa.

Knöpfchen weiß, daß Mama und Papa keine Windeln tragen,
auch größere Kinder haben keine Windeln an,
sie alle tragen Unterhosen.

Wenn große Leute »Pipi« und »A-A« machen, benützen sie die Toilette.
Und da die Körper von Frauen und Männer verschieden sind, benützen sie die Toilette manchmal auf unterschiedliche Weise.
Knöpfchens Mama ist eine Frau, und wenn Mama auf die Toilette geht, dann setzt sie sich immer drauf.

Knöpfchens Papa ist ein Mann, und wenn Papa geht, dann macht er das »große Geschäft« (A-A) auch im sitzen, muß Papa jedoch nur »Pipi« machen, dann kann er das im sitzen oder im stehen tun, ganz wie er will.

Was bist Du? Eine kleine Frau oder ein kleiner Mann?
Bald wirst auch Du die Toilette wie Mama oder Papa benützen können.

Eines Tages bringt Knöpfchens Mama ein großes Geschenk.
Knöpfchen darf das Geschenk auspacken. Was ist es?
Es ist ein Töpfchen für Knöpfchen!

»Nun hast du deine eigene kleine Toilette«, erklärt Mama, »in die du »Pipi« und
»A-A« machen darfst.« Knöpfchen freut sich sehr! Daneben liegen
Unterhosen, richtig schicke, genauso wie die »Großen« sie tragen.

Natürlich möchte Knöpfchen das Töpfchen sofort ausprobieren.
Und so setzt sich Knöpfchen aufs Töpfchen.
Es wartet und wartet und wartet …

Und leider kommt überhaupt nichts.
Kein einziges Tröpfchen geht ins Töpfchen.
»Sei nicht traurig«, tröstet Mama, »bald klappt es.«

Knöpfchen darf eine nigelnagelneue Unterhose anziehen –
die fühlt sich toll an. Danach gibt Mama Knöpfchen ein großes Glas Apfelsaft
zu trinken.

Sie schauen gemeinsam ein Buch an
und als sie damit fertig sind, meint
Mama: »Knöpfchen, ich glaube
nun ist es Zeit fürs Töpfchen.«
Wieder setzt sich Knöpfchen aufs
Töpfchen und diesmal klappt es.

Knöpfchen macht »Pipi« ins Töpfchen!
Mama klatscht in die Hände und jubelt.
Knöpfchen steht auf und betrachtet freudig den kleinen See.

Miteinander tragen sie das Töpfchen ins Badezimmer und entleeren
es in die Toilette.

Knöpfchen wäscht sich die Hände mit Seife, auch das macht ihm Freude.
Mama fragt: »Willst du es noch ein paarmal probieren heute?«
»Oh – Ja«, ruft Knöpfchen.

Und dann üben sie den ganzen Tag. Mama gibt Knöpfchen viele gute Säfte zu trinken, gelbe, rote, orange. Am liebsten aber mag Knöpfchen Apfelsaft mit Wasser gemischt in einem bunten Glas.

Sie lesen und spielen miteinander, und Knöpfchen setzt sich immer wieder aufs Töpfchen.

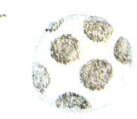

»Das ist nicht schlimm«, tröstet Mama, »siehst du, ruckzuck putzen wir das auf und das nächste Mal reicht es dir bestimmt wieder rechtzeitig drauf.«

Einmal jedoch reicht es Knöpfchen nicht mehr aufs Töpfchen. Es macht »Pipi« in die Hose und eine Pfütze auf den Boden – ganz traurig steht es da.

Nachmittags setzt sich Knöpfchen wieder einmal aufs Töpfchen.
Es wartet und wartet und wartet und »plumps«
zum ersten Mal macht Knöpfchen ein »Häufchen« ins Töpfchen.

Die Freude darüber ist groß und so ruft es gleich los: »Mama, Mama
komm' ganz schnell.«

»Nun hast du dir aber eine
Belohnung verdient«
sagt Mama.

Es ist Zeit zum schlafen gehen. Mama zieht Knöpfchen eine Windel an und sagt: »Nun wollen wir erst einmal abwarten und sehen. Es kann sein, daß die Windel bald schon trocken bleibt. Es kann aber auch sein,

du brauchst nachts die Windel noch für einige Zeit. Vorerst reicht es, wenn du tagsüber »Pipi« ins Töpfchen machst.
Ich bin sehr stolz auf dich, denn heute hat es ja schon toll geklappt.«

43

Während der kommenden Tage übt Knöpfchen fleißig weiter.

*Überall mit hin nimmt Knöpfchen das Töpfchen: zur Oma, ins Auto,
in den Garten, ...
Bis Knöpfchen schließlich lernt, auch auf die richtige Toilette zu sitzen –*

wie die »Großen« es tun. Zuerst müssen Mama oder Papa noch dabei helfen, doch bald ist Knöpfchen nicht mehr zu klein, und dann geht es fast schon ganz allein.

Knöpfchen weiß inzwischen, daß es nicht nur daheim Toiletten gibt.
Es gibt Toiletten im Kaufhaus, im Zoo, im Restaurant, ...

Vor den zwei Türen bleibt Knöpfchen immer stehen,
betrachtet die Bildchen oder die Buchstaben und fragt sich:
»Durch welche Türe muß ich nun gehen?«